Lateinische Metrik

Reclam premium Sprachtraining

# Lateinische Metrik

## Eine Einführung

Von Stephan Flaucher

Reclam

RECLAMS UNIVERSAL-BIBLIOTHEK Nr. 14629
2008, 2024 Philipp Reclam jun. Verlag GmbH,
Siemensstraße 32, 71254 Ditzingen
Druck und Bindung: Esser printSolutions GmbH,
Untere Sonnenstraße 5, 84030 Ergolding
Printed in Germany 2024
RECLAM, UNIVERSAL-BIBLIOTHEK und
RECLAMS UNIVERSAL-BIBLIOTHEK sind eingetragene Marken
der Philipp Reclam jun. GmbH & Co. KG, Stuttgart
ISBN 978-3-15-014629-3
www.reclam.de

# Inhalt

# Vorwort

Das vorliegende Büchlein möchte eine Einführung in die Grundlagen der lateinischen Metrik bieten, die bewusst auf Vorkenntnisse verzichtet. Die Darstellung konzentriert sich auf die wichtigsten Regeln und die häufigsten Versmaße. Daher ist sie besonders für Schülerinnen und Schüler der oberen Klassen sowie Studierende der Latinistik in den Anfangssemestern geeignet.

Die einzelnen Phänomene werden Schritt für Schritt erklärt und an Beispielen illustriert. In regelmäßigen Abständen werden Übungsaufgaben und Kontrollfragen zu dem behandelten Stoff geboten. Die Lösungen hierzu finden sich im Anhang. Durch die Kombination von Darstellungsteil und Übungsaufgaben ist das Büchlein auch zum Selbststudium geeignet.

Register der behandelten lateinischen Textstellen und der Fachbegriffe ermöglichen ein schnelles Nachschlagen. Das Literaturverzeichnis enthält zur Vertiefung Hinweise auf umfangreichere Darstellungen zur Metrik.

# 1 Einleitung

Fest gemauert in der Erden
Steht die Form aus Lehm gebrannt.
Heute muss die Glocke werden!
Frisch, Gesellen, seid zur Hand.

Friedrich Schiller, *Die Glocke*

Wenn man diese Zeilen laut liest und sich fragt, was sie von Prosa unterscheidet und zu Dichtung macht, stellt man zwei Dinge fest: Ins Auge fallen der Endreim und die Tatsache, dass die einzelnen Zeilen einen bestimmten Rhythmus aufweisen. In jedem Vers gibt es betonte Silben, auf die immer eine unbetonte Silbe folgt. Dies hat auch Auswirkungen auf die Wortstellung. Im zweiten Vers heißt es »die Form aus Lehm gebrannt« und nicht »die aus Lehm gebrannte Form«. Die Sprache in den Versen ist also nicht frei wählbar wie in der Prosa, sondern wird vom Rhythmus bestimmt, sie ist vom Rhythmus gebunden, weshalb man auch von **gebundener Sprache** spricht.

Die Lehre von den Maßen (lat. *metra*, Sg. *metrum*) der sogenannten gebundenen Sprache, dem Gegenbegriff zur Prosa, bezeichnet man als **Metrik.**

Die gebundene Sprache ist nicht nur das Kennzeichen der deutschen, sondern auch der lateinischen Versdichtung. Sie begegnet in der Lyrik (z. B. in den Gedichten Catulls oder des Horaz) ebenso wie im narrativen Epos (z. B. in der *Aeneis* Vergils oder der *Pharsalia* Lukans) oder dem didaktischen Epos (z. B. in den *Georgica* Vergils oder *De rerum natura* des Lukrez). Außerdem erscheint sie in vielfältiger Weise im Drama (z. B. in den Komödien des Plautus und Terenz oder den Tragödien Senecas). Somit bildet die gebundene Sprache die Grundlage für einen großen und wichtigen Teil der erhaltenen lateinischen Literatur.

*Aufgabe:* Warum verwendeten die Römer für Prosa den Begriff *oratio soluta* (»freie Sprache«)?

*Hinweis:* Die Akzente auf den lateinischen Versen in diesem Buch bezeichnen keinen akzentuierenden Rhythmus. Sie dienen vielmehr zur Markierung der Längen in den Hebungen.

# 2 Grundlagen

## 2.1 Lateinische und deutsche Metrik

Die gebundene Sprache in der deutschen Dichtung beruht auf einer regelmäßigen Abfolge von betonten und unbetonten Silben. Die betonten Stellen im Vers bezeichnet man als **Hebung**, die unbetonten als **Senkung**. Die stärkere Betonung der Hebung beim Sprechen stimmt im Deutschen also mit der natürlichen Betonung des Wortes (**Akzent**) überein. Da der Akzent also das entscheidende Kriterium für die Stellung des Wortes im Vers ist, spricht man von einem **akzentuierenden Rhythmus.**

Die Schlussverse der Komödie *Menaechmi* des Plautus lauten in der in der Schultradition üblichen Vortragsweise:

áuctió fiét Menáechmi máne sáne séptumí.
vénibúnt serví, supéllex, fúndi, áedes. ómniá
vénibúnt quiquí licébunt, práesentí pecúniá.
vénibít – uxór quoque étiam, sí quis émptor vénerít.
víx credó tota aúctióne cápiet quínquagésiés.
núnc, spectátorés, valéte et nóbis cláre plaúdité.

*Die Versteigerung des Menaechmus wird morgens in der Frühe in sieben Tagen stattfinden. Zum Verkauf werden stehen Sklaven, Hausrat, Grundstücke und Gebäude. Alles wird nach Gebot verkauft werden, gegen Bargeld. Zum Verkauf stehen wird sogar auch seine Frau, wenn sich ein Käufer finden wird. Ich glaube kaum, dass er durch die ganze Versteigerung fünf Millionen bekommen wird. Nun lebt wohl, ihr Zuschauer, und klatscht uns laut Beifall.*

Auch hier erkennt man eine regelmäßige Abfolge von Hebungen und Senkungen. Wenn man die Verse zunächst wie einen lateinischen Prosatext liest und dann die uns vertraute Betonung der Wörter mit den im Text markierten Betonungsstellen vergleicht, stellt man fest, dass die Betonung an vielen Stellen (z. B. **fiet, servi**) vom Wortakzent abweicht. Der Vers klingt beim Vortrag seltsam abgehackt. Der Grund hierfür ist, dass der lateinischen gebundenen Sprache ein anderes Prinzip zu Grunde liegt als der deutschen. Im Lateinischen haben wir es mit einer **regelmäßigen Abfolge langer und kurzer Silben** zu tun. Da hier nicht der Akzent, sondern die Länge (**Quantität**) der Silben ausschlaggebend ist, spricht man von einem **quantitierenden Rhythmus.** Die Stelle, an der die lange Silbe steht, wird als **Hebung**, die Stelle, an der eine oder zwei Kürzen stehen, wird als **Senkung** bezeichnet. Da uns dieses dem antiken Menschen eigene Gefühl für die Quantitäten der Silben fehlt, betont man die lange Silbe in der Hebung oft fälschlicherweise akzentuierend, um den Rhythmus deutlich zu machen. Dadurch kann jedoch die Betonungsstelle im Vers von der uns vertrauten Wortbetonung, die durch das *Paenultima*-Gesetz (siehe 2.2.11) bestimmt wird, abweichen, wie es bei **fiet** und **servi** im Textbeispiel der Fall ist. Bei den Römern trat dieses Problem nicht auf. Sie lasen die Verse wie Prosa, erkannten sie aber durch die Abfolge der Quantitäten als Verse.

Die Begriffe Hebung und Senkung beruhen auf einem falschen Gebrauch der griechischen Ausdrücke Arsis und Thesis. Sie bezeichnen ursprünglich einen mechanischen Vorgang: das musikalische Taktschlagen. Dabei versteht man unter Thesis (zu griech. *thésis* ›[Nieder-]Setzen‹) das Aufsetzen des Fußes bzw. Senken des Fingers und damit das eigentliche Schlagen des Taktes (vgl. das lat. *ictus* ›Schlag‹). Arsis (zu griech. *ársis* ›Anheben‹) ist das Anheben des Fußes bzw. des Fingers. Somit bezeichnet Thesis musikalisch den starken, Arsis den schwachen Taktteil. Spätantike Grammatiker übertrugen die Begriffe auf die Stimme. Sie bezeichneten mit Arsis das Anheben, mit Thesis das Senken der Stimme, also den starken bzw. schwachen Taktteil, wie es auch heute noch allgemein gebräuchlich ist. Bei der Vertauschung der Begriffe wurde der Iktus mit der Arsis (Hebung) verbunden. Den in der Schulaussprache üblichen vokalischen Iktus hat es bei den Römern nicht gegeben. Er dient nur dazu, den Rhythmus deutlich werden zu lassen und Verse in der Vortragsweise von Prosatexten abzuheben.

Da die antike lateinische Dichtung, wie man auch an den angeführten Versen des Plautus sehen kann, keinen Endreim kannte, unterscheidet allein die durch den quantitierenden Rhythmus gebundene Sprache Poesie von Prosa.

*Aufgaben:*
Erklären Sie die Begriffe ›Hebung‹ und ›Senkung‹!
Was ist der Unterschied zwischen einem akzentuierenden und einem quantitierenden Rhythmus?

Markieren Sie die Betonungen in den folgenden Versen!
Wie viele Hebungen und Senkungen hat jede Zeile?

Wehe, wenn sie losgelassen,
Wachsend ohne Widerstand,
Durch die volkbelebten Gassen
Wälzt den ungeheuren Brand.

## 2.2 Quantität der Silben

Die lateinische gebundene Sprache ist, wie bereits erwähnt, von einem quantitierenden Rhythmus, also einer geregelten Abfolge langer (Symbol: –) und kurzer (Symbol: ∪) Silben bestimmt. Daher ist es unbedingt notwendig, zwischen langen und kurzen Silben unterscheiden zu können. Die griechischen Grammatiker bezeichneten die Lehre von der Quantität der Silben mit dem Begriff *prosodía*. Deshalb fasst man die folgenden Regeln zu den Quantitäten der Silben lateinischer Wörter unter dem Fachbegriff **lateinische Prosodie** zusammen.

Das Bestimmen der Längen und Kürzen in einem Wort bzw. in einem Vers bezeichnet man als **skandieren.**

2.2.1 Für die Trennung lateinischer Wörter in Silben gelten folgende Regeln:

- Ein einzelner Konsonant und der zweite von zwei aufeinander folgenden Vokalen gehören zur folgenden Silbe: do|mi|nus, a|mi|ca, tu|us.
- Wenn auf einen Vokal zwei oder mehr Konsonanten folgen, wird der letzte zur zweiten Silbe gezogen: vil|la, tan|tus, ar|gen|tum.
  *Ausnahme:* Bei der Konsonantenverbindung *Muta cum liquida* (siehe Kap. 2.2.5) werden beide Konsonanten zur zweiten Silbe gezogen: pu|bli|cus, cas|tra.
- Zusammengesetzte Wörter werden nach ihren Bestandteilen getrennt: ab|esse, red|ire, sic|ut.

Grundsätzlich unterscheidet man zwischen **offenen Silben,** die mit einem Vokal enden, und **geschlossenen Silben,** die mit einem oder mehreren Konsonanten enden.

*Aufgabe:* Trennen Sie die folgenden Wörter nach Silben!

dividimus, imperatores, exponere, agitatis, mollis, prodesse, duplex, uxor

2.2.2 **Eine Silbe ist lang,** wenn

- sie einen **langen Vokal** enthält, z. B. ă|mī|cŭs (⏑ – ⏑), nā|tū|ră (– – ⏑)
- sie einen **Diphthong** enthält, z. B. cla͞u|dĕ|rĕ (– ⏑ ⏑), la͞e|tŭs (– ⏑).

In diesen Fällen spricht man von **Naturlänge,** weil die Silbe von ihrer langvokalischen Natur her lang ist. Zwischen langen und kurzen Vokalen sowie langen und kurzen Silben wird hier auf folgende Weise unterschieden: Das Zeichen für die Länge bzw. Kürze der Vokale in den lateinischen Wörtern steht direkt über den Vokalen, die metrische Länge bzw. Kürze der Silben dagegen ist jeweils im Anschluss in Klammern angegeben.

*Tipp:* Für die Bestimmung der Naturlängen lateinischer Wörter gibt es keine Regeln. Man muss diese Naturlängen also entweder beim Wortschatzerwerb mitlernen (was zu empfehlen ist) oder sie im Wörterbuch nachschlagen. Ferner ist es nützlich, aus einer Grammatik die überschaubare Zahl der Flexionsendungen der Nominaldeklinationen und Verbalkonjugationen zu lernen. So lässt sich relativ einfach die Länge aller Wortenden und damit schon ein beträchtlicher Anteil der Silben in einem lateinischen Text analysieren.

**Eine Silbe gilt im Vers als lang,** wenn

- sie einen kurzen Vokal enthält, auf diesen aber **mehr als ein Konsonant** folgt. Dabei spielt es keine Rolle, ob die Konsonanten zu derselben Silbe gehören oder zum Teil (oder in seltenen Fällen ganz) am Anfang des nächsten Wortes stehen.
  - x gilt als zwei Konsonanten; man kann es sich als einfache Schreibung der Konsonantenverbindung ks vorstellen; analog kann man sich z als einfache Schreibung der Konsonantenverbindung ds bzw. ts vorstellen; x bewirkt immer Positionslänge, bei z kann sie auftreten.
  - qu gilt als *ein* Konsonant.
  - h bewirkt in Verbindung mit einem Konsonanten keine Längung der Silbe, weil es nur schwach oder gar nicht gesprochen wurde und bei den antiken Grammatikern nicht als Buchstabe, sondern als Zeichen für eine Behauchung des folgenden Vokals galt.

*Beispiele:* fĕ|nĕs|tră (∪ – ∪), vĭc|tōrĕm (– – ∪), vĭc|tō|rĕm Rō|mā|nŭm (– – – – – ∪)

In diesen Fällen spricht man von **Positionslänge,** weil die Silbe *positione* (»durch eine Festlegung« der Regel) lang ist, d. h. man nahm an, dass sich die antiken Dichter darauf verständigt hätten, solche Silben als lang gelten zu lassen.

Der Vokal einer positionslangen Silbe wird kurz gesprochen, sofern er nicht naturlang ist. Die Längung der Silbe in der Aussprache ergibt sich allein durch die deutliche Artikulierung der Konsonanten am Silbenende.

*Aufgaben:*
Erklären Sie die Begriffe ›Naturlänge‹ und ›Positionslänge‹!
Bestimmen Sie (ggf. mit Hilfe eines Wörterbuches) die Längen und Kürzen der Silben in folgenden Wörtern und Wortgruppen!
Geben Sie dabei jeweils an, ob es sich in einem Vers um eine Naturlänge (NL) oder um eine Positionslänge (PL) handeln würde!

amica, bonus, urbs, amoenus, eximere, amicarum bonarum

2.2.3 Eine **offene Silbe** ist **kurz**, wenn sie mit einem kurzen Vokal endet. Eine **geschlossene Silbe**, die auf zwei oder mehr Konsonanten endet, ist **lang**. Kurz sind auch alle geschlossenen Silben mit kurzem Vokal, wenn sie mit nur *einem* Konsonanten enden und die nächste Silbe mit einem Vokal beginnt.

*Beispiele:* dŏ|mĭ|năm (∪∪∪); dŏ|mĭ|năm ă|mō (∪∪∪ ∪–); *aber:* dŏ|mĭ|năm vĭ|dĕ|ō (∪∪– ∪∪–; erste Länge = Positionslänge)

*Achtung:* Bei der Verbindung *Muta cum liquida* (siehe Kap. 2.2.5) werden beide Konsonanten zur zweiten Silbe gezogen:

*Beispiele:* pă|trēs (∪–), să|crŭm (∪∪)

Daher ist die erste Silbe offen und kann aufgrund des kurzen Vokals als kurz gelten, obwohl zwei Konsonanten folgen.

> *Tipp:* Das bisher Gesagte lässt sich vereinfacht zu folgender Faustregel zusammenfassen: Alle lateinischen Silben eines Textes sind lang; kurz ist eine Silbe nur dann, wenn sie
> a) auf einen kurzen Vokal endet oder
> b) auf kurzen Vokal plus *einen* Konsonanten endet und die Folgesilbe mit Vokal beginnt.

In Ergänzung zu diesen Regeln gilt Folgendes:

2.2.4 Vokale vor den Konsonantenverbindungen **-ns-** und **-nf-** sind immer lang, z. B. cōnsŭl (– ∪), īnfēlīx (– – –).

2.2.5 Ein kurzer Vokal vor der Konsonantenkombination *Muta cum liquida* (d.h. b, d, g, p, t, c vor l oder r) kann im Vers je nach Erfordernis des Versmaßes als lang oder kurz gelten. Da die Quantität dieser Silbe nicht eindeutig festgelegt ist, also gewissermaßen schwankt, bezeichnet man sie als *Syllaba anceps* (lat. *anceps* ›schwankend‹). Der folgende Vers weist Kurz- und Langmessung derselben Silbe vor *Muta cum liquida* an zwei verschiedenen Versstellen auf:

ĕt prī|mō sĭ|mĭ|lĭs vŏ|**lŭ**|crī, mŏx vē|ră vŏ|**lŭc**|rĭs
(– – – ∪ ∪ – ∪ **∪** – – – ∪ ∪ **–** ∪)
*und anfangs einem Vogel ähnlich, dann ein echter Vogel*

(Ovid, *Metamorphosen* 13,607)

Das u in volucris wird immer kurz gesprochen, beim zweiten Mal wird die Silbe aber als geschlossen und damit als lang gewertet (s. Worttrennung und Kap. 2.2.3).

> *Achtung:* Gehören die beiden Konsonanten verschiedenen Silben (z. B. bei Komposita) oder verschiedenen Wörtern an, tritt auch bei *Muta cum liquida* immer Positionslänge ein:
>
> ăb|rĭ|pĕ|rĕ (– ∪ ∪ ∪), ăd rĕm (– ∪)

2.2.6 Eine Silbe, die auf einen langen Vokal endet, wird kurz, wenn auf sie in demselben Wort unmittelbar ein anderer Vokal oder h mit Vokal folgt:

vĭ|dē|rĕ (∪ – ∪), aber vĭ|dĕ|ō (∪ ∪ –); vĕ|nī|rĕ (∪ – ∪), aber vĕ|nĭ|ŭnt (∪ ∪ –); dē (–), aber dĕ|hŏr|tā|rī (∪ – – –)

Dieses Phänomen wird in der Regel mit dem prägnanten lateinischen Merksatz *vocalis ante vocalem corripitur* (»Vokal vor Vokal wird gekürzt«) bezeichnet.

*Anmerkung:* Diese Regel gilt meistens nicht für Wörter griechischer Herkunft, z. B. ā|ēr (– –), Mē|dē|ă (– – ∪).

Ebenfalls nicht gekürzt wird

- langes a oder e vor der Vokativendung ī bei den Eigennamen der zweiten Deklination, z. B. Gā|ī (– –), Pŏm|pē|ī (– – –)

- oft das ī in der Genitivendung -īŭs, z. B. īl|lī|ŭs (– – ∪), tō|tī|ŭs (– – ∪)
  (Kürzung kommt allerdings besonders bei den Dichtern der klassischen Zeit vor)
- das ē im Genitiv und Dativ der e-Deklination, wenn ein i unmittelbar vorausgeht, z. B. dĭ|ē|ī (∪ – –), dĭ|ē|bŭs (∪ – ∪)
- das i im Verb fī|ō, sofern kein -er- folgt, z. B. fī|ăm (– ∪), fī|ē|băm (– – ∪); aber fĭ|ĕ|rī (∪ ∪ –), fĭ|ĕ|rĕm (∪ ∪ ∪).

*Aufgaben:*
Was versteht man unter *Muta cum liquida*?
Was muss man bei dieser Konstellation beachten?
Was bedeutet der Satz *vocalis ante vocalem corripitur*?
Welche Buchstabenfolgen führen zu einer Längung des vorangehenden Vokals?
Bestimmen Sie die Längen und Kürzen der Silben in folgenden Wörtern! Markieren Sie Silben, die Sie ohne Verszusammenhang nicht eindeutig bestimmen können, mit einem ×.

inferus, fleo, constans, sacrum, infamia, aureus, migrant, insula, abruptus, Menelaus

### 2.2.7 Das Iambenkürzungsgesetz

Eine iambische Silbenfolge (also Kürze + Länge) kann als Doppelkürze gemessen werden, wenn
– der Ton auf der Kürze liegt oder
– die tontragende Silbe unmittelbar folgt.
Dies ist allerdings nur möglich, wenn die iambische Silbenfolge ganz in der Hebung oder ganz in der Senkung

steht (siehe Kap. 2.1). Bei einer aufgelösten Hebung betont man die erste Kürze.

Die Iambenkürzung ist vor allem eine Erscheinung des archaischen Lateins. In den Komödien von Plautus und Terenz begegnet sie sehr häufig. In der Dichtung der nachsullanischen Zeit finden wir sie dagegen kaum noch.

*Beispiele:*

Quĭs hŏ|mō͜ est? Ĕ|gō sŭm.
(ú ∪ – **ú ∪** ∪; Silbenfolge in der Hebung, Ton auf Kürze)

*Wer ist da? Ich bin's.*
(Plautus, *Menaechmi* 137)

ĕ|gō nŭs|quăm dī|căm nĭ|si͜ ŭ|bĭ făc|tŭm dī|cĭ|tŭr.
(**∪ ∪** ́– – ́– – ú ∪ ∪ ́– – ́– ∪ ú; Silbenfolge in der Senkung, Ton auf der nächsten Silbe)

*Ich werde nur sagen, wo es spielen soll.*
(Plautus, *Menaechmi* 10)

mī|rā|rī nōn ĕst, aequŏm sĭ|bī sī prae|tĭ|mĕt.
(– ́– – ́– – ́– – **ú ∪** – ́– ∪ ú; Silbenfolge in der Hebung, Ton auf Kürze)

*Man darf sich nicht wundern, wenn er sich schon fürchtet.*
(Plautus, *Amphitruo* 29)

### 2.2.8 Quantität der Endsilben

Das Lateinische hat bei Nomina und Verben eine überschaubare Anzahl von Endungen, so dass man sich die

Quantitäten der Endsilben ohne größere Mühe einprägen kann.

Die folgenden Regeln gelten für echt lateinische Wörter, Wörter griechischen Ursprungs folgen anderen Gesetzmäßigkeiten.

a) Wort mit Vokal im Auslaut

- **auslautendes a** ist **kurz** als Endung des Nom., Akk. und Vok.: villă, bellă, nomină; aber: in villā (Abl.!)
- **auslautendes e** ist **lang**
  - in den einsilbigen Wörtern ē, dē, mē, tē, sē, nē (aber -quĕ, -vĕ)
  - im Imperativ der e-Konjugation: vidē, tacē
  - in den Adverbien zu den Adjektiven der a- und o-Deklination: longē, doctē (aber: bĕnĕ, mălĕ)
  - im Ablativ der e-Deklination: rē, diē (auch hodiē), danach auch famē u. Ä.
- **auslautendes i** ist **lang**: audī, ducī
- **auslautendes o** ist **lang**: amicō, ducō (aber: modŏ und quomodŏ in der klassischen Dichtung)
- **auslautendes u** ist **lang**: senatū.

b) Wort mit Konsonant im Auslaut

Konsonantisch auslautende Endungen außer -ās, -ēs, -ōs sind in der Regel kurz.

Ausnahmen:
- einsilbige Wörter auf -r und -l: cūr, sōl
- *Achtung:* hoc gilt immer als positionslang, da es aus hodce entstanden ist

  -es ist kurz in penĕs (in jmds. Besitz, Gewalt) sowie im

Nom. Sg. der Wörter auf -ĕs, -ĕtĭs bzw. -ĭtĭs oder -ĭdĭs: segĕs, (Saat, Saatfeld), obsĕs, milĕs; ebenso kurz ist es als 2. Pers. Sg. Ind. und Imp. Präsens von sum (aber: abiēs [Tanne], ariēs [Widder] und pariēs [Wand])

- -is ist lang
  - in den Kasusendungen des Plurals: villīs, vobīs
  - in der 2. Pers. Sg. Ind. Präs. Akt. der i-Konjugation: venīs
  - in der 2. Pers. Sg. Konj.: velīs
  - in līs, lītĭs (Streit) und vīs (Kraft)
  - die Messung in der 2. Pers. Sg. Konj. Perf. und Fut. II ist schwankend (vocaverīs)
- -os ist kurz in ŏs, ossis (Knochen), compŏs (teilhaftig) und impŏs (nicht mächtig)
- -us ist lang
  - im Gen. Sg., Nom. und Akk. Pl. der u-Deklination: manūs
  - im Nom. Sg. der konsonantischen Deklination bei langem -ū- im Gen.: salūs, salūtis; iūs, iūris.

> *Aufgabe:* Bestimmen Sie die Quantitäten der Vokale in den Endsilben in folgenden Wörtern!
>
> templa, te, mone, -que, in Italia, Italia (Nom. Sg.), bene, victori, bono, patres, vobis, fructus (Pl.), fructus (Nom. Sg.), amicos, custodis, amicas, praeclarus, templum, dominis

2.2.9 Bei **griechischen Wörtern** bleibt in der Regel die Quantität der Silben erhalten, z. B. Păllās (– –), āēr (– –); regelmäßig gekürzt wird nur die Endung -or: Hĕctŏr (– ∪).

Bei diesen Wörtern können die Quantitäten der Silben

leicht im Wörterbuch nachgeschlagen werden.

> *Tipp:* Die bei der metrischen Analyse der Verse gewonnenen Erkenntnisse über die Längen und Kürzen der Silben können auch für die Übersetzung genutzt werden. Wenn sich z. B. das -a in villa durch seine Position im Vers als naturlang erweist, kann es sich bei der Form nur um einen Ablativ Singular handeln; oder wenn das -us von senatus kurz ist, muss die Form Nominativ Singular sein. Umgekehrt kann natürlich auch die Formenbestimmung bei der Übersetzung für die Festlegung der Längen und Kürzen hilfreich sein.

2.2.10 Da in der quantitierenden Dichtung der Rhythmus von der Zeitdauer der Silben bestimmt ist, muss es ein messbares Verhältnis der Zeiteinheiten zueinander geben.

Die **kleinste Zeiteinheit**, die sogenannte *Mora* (lat. *mora* ›Aufenthalt, Weile‹), umfasst die Zeit, die man braucht, um eine kurze Silbe auszusprechen. Die Zeitdauer einer langen Silbe entspricht der von zwei kurzen.

Ein ähnliches Phänomen gibt es in der Musik, wo z. B. eine ganze Note durch zwei halbe ersetzt werden kann. Entsprechend können auch im Vers an bestimmten Stellen zwei Kürzen durch eine Länge bzw. eine Länge durch zwei Kürzen ersetzt werden. Näheres hierzu findet sich bei der Behandlung der einzelnen Versmaße (siehe Kap. 5).

2.2.11 Die Quantität der Silben spielt im Lateinischen auch außerhalb der gebundenen Sprache eine große Rolle, weil sie grundsätzlich entscheidend für die **Betonung** eines Wortes ist. Es gelten folgende Regeln für die Bestimmung des Wortakzentes:

- Zweisilbige Wörter werden auf der ersten Silbe betont: bónus, vílla, víctor.
- Wörter mit mehr als zwei Silben werden auf der vorletzten Silbe betont, wenn diese lang ist; falls sie kurz ist, werden sie auf der drittletzten Silbe betont: Románus, Romanórum, iniúrĭa, amíca, parére (›gehorchen‹), párĕre (›gebären‹).
- *Muta cum liquida* bewirkt hierbei keine Längung der Silbe: óbsecro, émigro (siehe Kap. 2.2.5).

Da also die vorletzte Silbe für die Betonung entscheidend ist, nennt man die lateinische **Betonungsregel** auch ***Paenultima*-Gesetz** (lat. *paenultimus* ›vorletzter‹).

> *Aufgabe:* Erklären Sie die Begriffe *Mora*, *Paenultima*-Gesetz und Iambenkürzungsgesetz!

## 3 Besonderheiten der Prosodie

Im Sprachgefühl der Römer spielten die Quantitäten der Silben eine wichtige Rolle. Darüber hinaus empfanden die Römer das Aufeinandertreffen eines auf Vokal/Diphthong endenden und eines mit Vokal beginnenden Wortes als unschön. Deshalb entwickelten sie einige Regeln, um eine solche Lautfolge zu vermeiden, die sie **Hiat** (von lat. *hiatus* ›das Aufsperren, Offenstehenlassen des Mundes‹) nannten (Zeichen: h).

### 3.1 Synaloephe und Elision

Wenn ein Vokal am Wortende mit einem Vokal am Anfang des folgenden Wortes zusammentrifft, wird der auslautende Vokal

a) noch kurz angeschlagen (**Synaloephe**, von griech. *synaloiphe* ›Verschmelzung‹) oder
b) ganz unterdrückt (**Elision**, von lat. *elidere* ›ausstoßen‹).

3.1.1 Beim Vortrag der Verse wird in der Regel der Elision der Vorzug gegeben, weil die Aussprache leichter ist und sich diese Variante schon ab der späten Kaiserzeit bei den Römern durchsetzte.

*Beispiele:*

Dē|fēs|sī‿Āe|nĕ|ă|dāē, quāē prŏ|xĭ|mă lī|tŏ|ră cŭr|sū
(gesprochen: »defessaeneadae, …«)
(– – – ∪ ∪ – – – ∪ ∪ – ∪ ∪ – –)

*Erschöpft war die Schar des Aeneas, die auf der Fahrt*

cŏn|tĕn|dūnt pĕ|tĕ|rĕ‿ĕt Lĭ|bȳ|ae vĕr|tūn|tŭr ăd ō|rās.
(gesprochen: »contenduntpeteretlibyae ...«)
(– – – ∪ ∪ – ∪ ∪ – – – ∪ ∪ – –)

*den nächsten Strand zu erreichen suchte, und wandte sich zu Libyens Küste.* (Vergil, *Aeneis* 1,157 f.)

> *Aufgabe:* Markieren Sie in den folgenden Versen die Stellen, an denen Elision bzw. Synaloephe eintritt!
>
> Mobilitate viget virisque adquirit eundo,
> parva metu primo, mox sese attollit in auras
> ingrediturque solo et caput inter nubila condit.

3.1.2 Elision bzw. Synaloephe tritt auch ein, wenn ein Wort auf Vokal + m endet und das folgende mit Vokal oder h + Vokal beginnt.

*Beispiele:*

Pĕr gĕ|nĭ|tō|rĕ*m*‿ō|rō, pĕr spēs sŭr|gĕn|tĭs Ĭū|lī,
(gesprochen: »pergenitororoper ...«)
(– ∪ ∪ – – – – – – – – ∪ ∪ – –)

*Beim Vater bitte ich dich, bei der verheißungsvollen Zukunft des Iulus,*

ē|rĭ|pĕ mē‿hīs, ĭn|vĭc|tĕ, mă|līs!
(gesprochen: »eripemisinvicte, ...«)
(– ∪ ∪ – – – ∪ ∪ –)

*entreiße mich, Unbesiegbarer, dieser Not!*
(Vergil, *Aeneis* 6,364 f.)

sĕd iă͜m ă|gĕ, căr|pĕ vĭ|ă͜m ĕt sŭs|cĕp|tŭm pĕr|fĭc|ĕ mū|nŭs!
(gesprochen: »sedjagecarpeviet ...«)
(– **u** u – u u – – – – – – u u – u)

*Aber nun auf, lege den Weg zurück und vollende die übernommene Aufgabe!* (Vergil, *Aeneis* 6,629)

> *Aufgabe:* Markieren Sie in den folgenden Versen die Stellen, an denen Elision bzw. Synaloephe eintritt!
>
> Vix e conspectu Siculae telluris in altum
> vela dabant laeti et spumas salis aere ruebant,
> cum Iuno aeternum servans sub pectore vulnus
> haec secum: »Mene incepto desistere victam
> nec posse Italia Teucrorum avertere regem!«

## 3.2 Aphärese

Wenn auf ein Wort, das auf Vokal oder Vokal + m endet, das Wort es (du bist) oder est (er ist) folgt, wird deren e ausgestoßen und der voraufgehende Vokal (bzw. Vokal + m) bleibt erhalten. In diesem Fall spricht man von einer **Aphärese** (von griech. *aphaíresis* ›Wegnehmen‹) oder *Elisio inversa* (»umgekehrte Elision«).

*Beispiele:*

au̅|rĕ|ă prī|mă să|tă͜ ĕst ae̅|tās
(gesprochen: »aureaprimasatastaetas«)
(– u u – u u – – –)

*als erstes entstand das goldene Zeitalter*
(Ovid, *Metamorphosen* 1,89)

… ūǀnă dŏǀlō dīǀvūm sī fēǀmīǀnă vīcǀtă dŭǀōǀrūm ĕst.
(gesprochen: »victaduorumst«)
(– ᴗ ᴗ – – – – – – ᴗ ᴗ – ᴗ ᴗ – –)

… wenn eine Frau der List zweier Gottheiten erlegen ist.
(Vergil, *Aeneis* 4,95)

## 3.3 Synizese

Wenn zwei Vokale im Wortinnern direkt aufeinandertreffen oder durch ein h getrennt sind, können sie aus metrischen Gründen zu einem Laut verbunden werden, ohne dass dies in der Schrift zum Ausdruck kommt. In diesem Fall spricht man von einer **Synizese** (von griech. *synízesis* ›Zusammensitzen, Zusammenfallen‹). Die Synizese kommt in der klassischen Dichtung nicht sehr häufig vor. Sie begegnet in folgenden Fällen:

- deinde, deesse und antehac gelten immer als zweisilbig.

*Beispiel:*

dā deīnǀdĕ auǀxīǀlīǀŭm, păǀtĕr, ătǀquĕ haec ōǀmĭǀnă fīrǀmā!
(– – – ᴗ ᴗ – ᴗ ᴗ – – – ᴗ ᴗ – –)

*Dann bring uns Hilfe, Vater, und bekräftige diese Omen!*
(Vergil, *Aeneis* 2,691)

- Bei Substantiven und Adjektiven, die auf -eus, -ea, -eum enden.

*Beispiel:*

a̅u̅|r͜e̅a̅ cŏm|pŏ|sŭ|ĭt spŏn|dā mĕ|dĭ|ăm|quĕ lŏ|cā|vĭt
(– – – ∪ ∪ – – – ∪ ∪ – ∪ ∪ – ∪)
*sie ließ sich auf einem vergoldeten Sofa nieder und nahm in der Mitte Platz* (Vergil, *Aeneis* 1,698)

- Die Formen von idem können als zweisilbig gelten, wenn der zweite Vokal lang ist.

*Beispiel:*

ĕt ĭp|sŭs e̅͜o̅|dēm‿est ă|vŏ' vŏ|cā|tŭs nō|mĭ|nĕ
(∪ – ∪ – – ∪ ∪ ∪ – – – ∪ ∪)
*auch der Großvater selbst trug den gleichen Namen* (Plautus, *Menaechmi* 44)

- Die Vokale i und u können durch eine Art Synizese konsonantischen Charakter erhalten. Die Römer unterscheiden zwar in der Aussprache zwischen i und j bzw. u und v, verwenden aber in der Schrift für beide Laute jeweils nur ein Zeichen, z. B. insula und iacere (gesprochen »jacere«). Deshalb konnten die Dichter in seltenen Fällen, wenn ein Wort nicht in den Vers passte, ein kurzes i und u nach einem Konsonanten und vor einem Vokal als j bzw. v gelten lassen. Falls eine kurze Silbe vorangeht, gilt sie damit als positionslang.

*Beispiele:*

Ī|tă|lĭ|ăm fā|tō prŏ|fŭ|gŭs Lā|vīn|i͜ă|quĕ vē|nĭt || lī|tŏ|ră
(gesprochen: »... lavinjaque ...«)
(– ∪ ∪ – – – ∪ ∪ – – – **∪** ∪ – ∪ || – ∪ ∪)
*durch Göttersspruch kam er als Flüchtling nach Italien und zu den Lavinischen Küsten* (Vergil, *Aeneis* 1,2 f.)

gĕn|uă lă|bănt, gĕ|lĭ|dŭs cŏn|crē|vĭt frī|gŏ|rĕ săn|guĭs
(gesprochen: »genwalabant ... sangwis«)
(– u u – u u – – – – – u u – u)

*die Knie wankten, das Blut gerann durch den eisigen Schauder* (Vergil, *Aeneis* 12,905)

## 3.4 Verswechsel

Die Römer empfanden es nicht als Hiat, wenn ein Vers auf Vokal oder -m endet und der folgende Vers mit Vokal oder h + Vokal beginnt, so dass die hier dargestellten Regeln zur Hiatvermeidung nicht beim Verswechsel gelten, weil die einzelnen Verse als selbständige Einheiten gesehen wurden.

> *Anmerkung:* Dass das Versende als prosodischer Einschnitt empfunden wird, hat auch Auswirkungen auf die Quantität der letzten Silbe eines Verses: Eine Schlusssilbe, die auf kurzen Vokal + Konsonant endet, ist auch dann kurz, wenn der Folgevers mit Konsonant beginnt. Zwei Konsonanten, zwischen denen ein Verswechsel liegt, bilden also *keine* Positionslänge (siehe Kap. 2.2.2).

## 3.5 Duldung des Hiat

Nur in wenigen Fällen wird ein Hiat geduldet: bei Interjektionen, vor Zäsuren und bei syntaktischen Einschnitten. Dabei fallen die beiden letzten Gründe nicht selten zusammen. In den genannten Fällen spricht man von einem **metrischen Hiat.**

*Beispiel (Interjektion):*

> o pater, o$^{h}$ hominum rerumque aeterna potestas
> (–́ ∪ ∪ –́ ∪ ∪ –́ || – –́ – –́ ∪ ∪ –́ ∪)
> *o Vater, o ewiger Gebieter über die Menschen und die Welt* (Vergil, *Aeneis* 10,18)

*Beispiel (Zäsur [Trithemimeres] und syntaktischer Einschnitt):*

> Si pereo$^{h}$, hominum manibus periisse iuvabit.
> (–́ ∪ ∪ –́ || ∪ ∪ –́ ∪ ∪ –́ || ∪ ∪ –́ ∪ ∪ –́ ∪)
> *Wenn ich sterbe, werde ich lieber durch die Hände von Menschen sterben.* (Vergil, *Aeneis* 3,606)

Gelegentlich tritt ein »stilistischer Hiat« auf. Er wird bewusst gesetzt, um den Inhalt des Verses hervorzuheben.

*Beispiel:*

> Videre, amplecti$^{h}$, osculari$^{h}$, adloqui
> (∪ –́ – –́ – || –́ ∪ –́ – – –́ ∪ –́)
> *Sehen, umarmen, küssen, ansprechen*
> (Plautus, *Mercator* 745)

Außerdem gibt es den **prosodischen Hiat**. Er tritt bei einsilbigen Wörtern (Monosyllaba) auf und wird geduldet, weil die beiden Wörter als eng zusammengehörig empfunden werden. Dabei wird ein langer Vokal oder Diphthong der Monosyllaba nach der Regel *vocalis ante vocalem corripitur* (siehe Kap. 2.2.6) gekürzt.

*Beispiel (Kürzung des* me *und Hiat):*

»Si me$^{h}$ amas«, inquit, »paulum hic ades.« »Intercam, si ...«
(–́ ◡ ◡ –́ – –́ – –́ ◡ ◡ –́ ◡ ◡ –́ –)
*»Sei so gut«, sagte er, »leiste mir hier ein wenig Beistand.« »Ich will des Todes sein, wenn ich ...«*
(Horaz, *Satiren* 1,9,38)

## 3.6 Metrische Dehnung

An einigen Stellen findet man vor einer Zäsur (siehe Kap. 5.1) eine kurze statt einer langen Silbe, die dann als lang gemessen wird.

*Beispiel (Längung vor Hephthemimeres):*

Tum sic Mercurium adloquitur ac talia mandat.
(–́ – –́ ◡ ◡ –́ ◡ ◡ –́ || – –́ ◡ ◡ –́ ◡)
*Dann spricht er so zu Merkur und trägt ihm Folgendes auf.*
(Vergil, *Aeneis* 4,222)

Auch bei Eigennamen, die sonst nicht in das Versschema passen würden, ist eine Dehnung möglich, z.B. bei Italia, das vier Kürzen aufweist (◡ ◡ ◡ ◡; s. Vergil, *Aeneis* 1,2, S. 30)

## 3.7 Hypermeter

In sehr seltenen Fällen hat ein Vers eine Silbe mehr als üblich, die auf einen Vokal endet und durch den Anfangsvokal des folgenden Verses elidiert wird. Einen solchen Vers bezeichnet man als Hypermeter (von griech. *hypermetros* ›übermäßig, das Versmaß übersteigend‹).

*Beispiel:*

... quĭ|bŭs ŏr|bĭs ĭn ō|rīs
(◡ ◡ – ◡ ◡ – –)
*... sage an welche Küsten*

iăc|tē|mŭr dŏ|cĕ|ās: ī|gnā|rī͜ hŏ|mĭ|nŭm|quĕ lŏ|cō|rŭm|quĕ͜
(– – – ◡ ◡ – – – ◡ ◡ – ◡◡ – –)
*der Welt wir geworfen werden: unkundig der Menschen*

͜ĕr|rā|mŭs vĕn|tō͜ hūc văs|tīs ĕt flūc|tĭ|bŭs āc|tī.
(– – – – – – – – – – ◡ ◡ – –)
*und der Gegend irren wir umher, vom Wind und den weiten Wogen hierher getrieben.*

(Vergil, *Aeneis* 1,331–333)

# 4 Die metrischen Bausteine

Fast allen in diesem Buch behandelten lateinischen Versen ist gemeinsam, dass sich in ihnen ein bestimmtes rhythmisches Muster aus Längen und Kürzen mehrfach wiederholt. Die kleinste metrische Einheit, in der Hebung und Senkung durch eine bestimmte Abfolge von langen und kurzen Silben festgelegt sind, nennt man **Versfuß.**

Die wichtigsten Versfüße sind:

- Trochäus (– ∪), z. B.: dō|nă
- Iambus (∪ –), z. B.: ă|gō
- Daktylus (– ∪ ∪), z. B.: cōr|pŏ|ră
- Anapäst (∪ ∪ –), z. B.: fă|cĭ|ō
- Kretikus (– ∪ –), z. B.: dē|fŭ|ī
- Tribrachys (∪ ∪ ∪), z. B.: mĭ|nĭ|mŭs (kann die Auflösung eines Trochäus oder Iambus sein)
- Spondeus (– –), z. B.: vī|dī

In trochäischen, iambischen und anapästischen Versmaßen bilden je zwei Füße ein **Metrum,** während im daktylischen Versmaß jeder Fuß auch ein Metrum bildet.

Nach der Zahl der Metra pro Vers unterscheidet man die Verstypen Monómeter (1), Dímeter (2), Trímeter (3), Tetrámeter (4), Pentámeter (5) und Hexámeter (6).

Demzufolge besteht z. B. ein iambischer Trimeter aus sechs iambischen Versfüßen und ein daktylischer Hexameter aus sechs daktylischen Versfüßen.

*Aufgaben:* Welchem Versfuß entsprechen jeweils die Silbenlängen folgender Wörter?

nomen, tacent, aequitas, muris, carmina, domino, bella, urbi, amo, animae, perfero, dicitur

Aus wie vielen Versfüßen bestehen ein daktylischer Tetrameter und ein iambischer Dimeter?

# 5 Die wichtigsten Versmaße

## 5.1 Der daktylische Hexameter

5.1.1 Im Hexameter (von griech. *hex* ›sechs‹) kommt ein Metrum sechsmal hintereinander vor, im Falle des daktylischen Hexameters also sechs Daktylen (siehe Kap. 4), wobei das letzte Metrum um eine Silbe verkürzt ist. Es ergibt sich demnach folgendes Schema:

–́⏑⏑ –́⏑⏑ –́⏑⏑ –́⏑⏑ –́⏑⏑ –́⏓

Die Akzente markieren die Hebungen des Verses, das letzte Zeichen bedeutet, dass hier eine lange oder eine kurze Silbe stehen kann. Da die Quantität der letzten Silbe im konkreten Einzelfall lang oder kurz ist, also im abstrakten Versschema gewissermaßen schwankt, bezeichnet man sie als *Elementum indifferens* (zu lat. *indifferens* ›unentschieden‹; Zeichen: ⏓). In der Literatur wird sie manchmal auch *Syllaba anceps* (Zeichen: ×) genannt.

Bei den behandelten Versen wird die letzte Silbe als Länge oder Kürze gekennzeichnet. In der Mehrheit anderer aktueller Darstellungen zur Metrik werden geschlossene Silben am Versende als Länge angegeben, auch wenn sie kurz sind. Diese Notation setzt sich immer mehr durch.

Da es sehr schwierig wäre, Verse nur nach dem oben angeführten Schema zu schreiben, gibt es verschiedene Variationsmöglichkeiten dieses Grundschemas: Jede Doppelkürze kann durch eine Länge ersetzt werden (siehe Kap. 2.2.10). Im fünften Metrum geschieht dies aber sehr selten. Es ergeben sich also folgende Möglichkeiten:

| –́ ⏔ –́ ⏔ –́ ⏔ –́ ⏔ –́ ⏔ –́ ⏓ |
|---|

> Zur besseren Übersichtlichkeit wird im Folgenden bei Versbeispielen auf die Angabe der Vokallängen und der Silbengrenzen verzichtet; angegeben wird nur noch das durch die Silbenlängen vorgegebene metrische Schema, wie bei dem folgenden Beispiel (Vergil, *Aeneis* 1,124–127):
>
> Interea magno misceri murmure pontum
> (–́ ◡ ◡ –́ – –́ – –́ – –́ ◡ ◡ –́ ◡)
> *Inzwischen bemerkte Neptun, dass das Meer mit großem*
>
> emissamque‿hiemem sensit Neptunus et imis
> (–́ – –́ ◡ ◡ –́ – –́ – –́ ◡ ◡ –́ –)
> *Getöse aufgewühlt, der Sturm entfesselt und*
>
> stagna refusa vadis, graviter commotus, et alto
> (–́ ◡ ◡ –́ ◡ ◡ –́ ◡ ◡ –́ – –́ ◡ ◡ –́ –)
> *von den untersten Tiefen her aufgewühlt war, heftig bewegt*

prospiciens summa placidum caput extulit unda.

(– ∪ ∪ – – – ∪ ∪ – ∪ ∪ – ∪∪ – –)

*erhob er sein ruhevolles Haupt aus der Wasseroberfläche und schaute aufs Meer.*

*Tipp:* Am Anfang erscheint das Schema mit den vielen Variationsmöglichkeiten oft etwas verwirrend. Es gibt aber Stellen, an denen die Quantität der Silbe von vornherein festgelegt ist: Der Hexameter beginnt immer mit einer Länge; die vorletzte Silbe ist immer lang; im fünften Versfuß haben wir meistens einen echten Daktylus. Deshalb beginnt man bei schwierigen Versen am besten hinten und markiert dann alle Längen im restlichen Vers. Anschließend lassen sich die Lücken leicht füllen.

*Aufgabe:* Skandieren Sie die folgenden Verse!

Haec precor, hanc vocem extremam cum sanguine fundo.
Tum vos, o Tyrii, stirpem et genus omne futurum
exercete odiis cinerique haec mittite nostro
munera. Nullus amor populis nec foedera sunto!

5.1.2 Bei jedem bewussten Vortrag eines längeren Satzes muss man zum besseren Verständnis oder zur Betonung einzelner Wörter an bestimmten Stellen Pausen machen.

So gibt es auch beim Vortrag von Versen Stellen, an denen man **Einschnitte** setzen kann. Man unterscheidet:

a) die **Zäsur** (von lat. *caedere* ›zerhauen‹): Die stets durch ein Wortende markierte Pause liegt innerhalb eines Versfußes, »zerschneidet« ihn. Ein Einschnitt im Hexameter nach der zweiten Hebung heißt **Trithemimeres** (von griech. *tria* ›drei‹, *hemi* ›halb‹ und *meros* ›Teil‹), nach der dritten Hebung **Penthemimeres** (von griech. *pente* ›fünf‹, *hemi* und *meros*) und nach der vierten Hebung **Hephthemimeres** (von griech. *hepta* ›sieben‹, *hemi* und *meros*).

Trithemimeres bedeutet also »nach drei halben Teilen«, Penthemimeres »nach fünf halben Teilen« und Hephthemimeres »nach sieben halben Teilen«. Wenn man bedenkt, dass ein daktylischer Versfuß mit Hebung und Senkung aus zwei halben Teilen besteht, dann steht der Einschnitt nach der zweiten Hebung, die Trithemimeres, also nach dem dritten halben Teil des Verses usw.

Am häufigsten ist der Einschnitt nach der dritten Hebung, die Penthemimeres. Ansonsten erfolgt der Einschnitt meistens nach der vierten Hebung (Hephthemimeres), wobei sich in diesem Fall in der Regel eine Nebenzäsur nach der zweiten Hebung (Trithemimeres) findet.

Schema mit Penthemimeres:

| –́ ∪̅∪̅ –́ ∪̅∪̅ –́ ‖ ∪̅∪̅ –́ ∪̅∪̅ –́ ∪̅∪̅ –́ ∪̲ |
|---|

*Beispiel:*

Hae tib*i*‿erunt artes paciqu*e*‿imponere morem,
(–́ ∪ ∪ –́ – –́ ‖ – –́ – –́ ∪ ∪ –́ ∪)
*Diese Künste wirst du haben, dem Frieden Ordnung zu verleihen,*

parcere subiectis et debellare superbos.
(–́ ∪ ∪ –́ – –́ || – –́ – –́ ∪ ∪ –́ –)

*die Unterworfenen zu schonen und die Hochmütigen niederzukämpfen.* (Vergil, *Aeneis* 6,852 f.)

Schema mit Penthemimeres und Hephthemimeres:

| –́ ⏔ –́ ⏔ –́ \|\| ⏔ –́ \|\| ⏔ –́ ⏔ –́ ⏓ |
|---|

*Beispiel:*

Tu regere‿imperio populos, Romane, memento!
(–́ ∪ ∪ –́ ∪ ∪ –́ || ∪ ∪ –́ || – –́ ∪ ∪ –́ –)

*Du denke daran, die Völker mit deinem Befehl zu lenken, Römer!* (Vergil, *Aeneis* 6,851)

Schema mit Trithemimeres und Hephthemimeres:

| –́ ⏔ –́ \|\| ⏔ –́ ⏔ –́ \|\| ⏔ –́ ⏔ –́ ⏓ |
|---|

*Beispiel:*

Obstipui, steteruntque comae‿et vox faucibus haesit.
(–́ ∪ ∪ –́ || ∪ ∪ –́ ∪ ∪ –́ || – –́ ∪ ∪ –́ ∪)

*Ich erstarrte, die Haare standen zu Berge und die Stimme blieb mir in der Kehle stecken.* (Vergil, *Aeneis* 2,774)

Die Zäsur richtet sich nach dem Sinn des Satzes, eng zusammengehörende Wortgruppen werden nicht getrennt.

Seltener ist der Einschnitt nach der ersten Kürze des dritten Daktylus, der ***katá tríton trochaíon*** heißt (von griech. *katá* ›nach‹, *tríton* ›dritter‹, *trochaíon* ›Trochäus‹), weil er sozusagen nach drei trochäischen Elementen erfolgt. Er kommt selten alleine vor, sondern in Kombination mit Hephthemimeres oder Trithemimeres und Hephthemimeres.

*Beispiel* (katá tríton trochaíon *in Verbindung mit Trithemimeres und Hephthemimeres*):

Infandum, regina, iubes renovare dolorem.
(–́ – –́ || – –́ ∪ || ∪ –́ || ∪ ∪ –́ ∪ ∪ –́ ∪)

*Unsäglichen Schmerz, Königin, heißt du mich erneuern.*
(Vergil, *Aeneis* 2,3)

b) die **Diärese** (von griech. *dihaíresis* ›Trennung‹): Die durch ein Wortende markierte Pause liegt zwischen zwei Versfüßen, trennt sie. Der Einschnitt erfolgt nach dem vierten Fuß und ist meistens mit einer Penthemimeres als Nebenzäsur verbunden.

–́ ∪∪ –́ ∪∪ –́ ∪∪ –́ ∪∪ || –́ ∪∪ –́ ∪

*Beispiel* (Diärese mit Penthemimeres):

ducite‿ab urbe domum, mea carmina, ducite Daphnin.
(–́ ∪ ∪ –́ ∪ ∪ –́ || ∪ ∪ –́ ∪ ∪ || –́ ∪ ∪ –́ ∪)

*Führt von der Stadt, führt Daphnis nach Hause, meine Sprüche.*
(Vergil, *Ekloge* 8,100)

Dieser Einschnitt kommt im Epos selten vor, ist aber typisch für die Hirtendichtung, die sogenannte Bukolik. Deshalb nennt man ihn auch **bukolische Diärese** (von griech. *boukoliké* ›Hirtendichtung‹).

> *Aufgabe:* Skandieren Sie folgende Verse (Längen, Kürzen, Verspausen)!
>
> Obstipuit primo aspectu Sidonia Dido,
> casu deinde viri tanto, et sic ore locuta est:
> »Quis te, nate dea, per tanta pericula casus
> insequitur? Quae vis immanibus applicat oris?«
>
> Nos patriam fugimus; tu, Tityre, lentus in umbra
> formosam resonare doces Amaryllida silvas.

## 5.2 Das elegische Distichon

Ein elegisches Distichon (griech. *distichon* ›Zweizeiler‹) besteht aus einem daktylischen Hexameter und einem daktylischen Pentameter. Letzterer wird durch die Verdoppelung des ersten Teiles eines Hexameters (– ∪ ∪ – ∪ ∪ –) gebildet. Im zweiten Teil eines Pentameters können die Kürzen nicht durch eine Länge ersetzt werden. Nach der dritten Hebung trennt regelmäßig eine Diärese die beiden Versteile voneinander. Demnach hat der Pentameter folgende Form:

> –́ $\overline{\cup\cup}$ –́ $\overline{\cup\cup}$ –́ || –́ ∪∪ –́ ∪∪ $\underline{\cup}$

> Der Pentameter hat also trotz seines Namens sechs Hebungen. Die Bezeichnung lässt sich damit erklären, dass man den Vers als Zusammensetzung aus zweimal 2½ Daktylen oder aus zwei Daktylen, einem Spondeus und zwei Anapästen aufgefasst hat, also als Zusammensetzung aus »fünf Metren«.

Schema des elegischen Distichons:

> –́ ∪̅∪̅ –́ ∪̅∪̅ –́ ∪̅∪̅ –́ ∪̅∪̅ –́ ∪̅∪̅ –́ ∪̲
> –́ ∪̅∪̅ –́ ∪̅∪̅ –́ || –́ ∪∪ –́ ∪∪ ∪̲

*Beispiel:*

Cynthia prima suis miserum me cepit ocellis,
(–́ ∪ ∪ –́ ∪ ∪ –́ || ∪ ∪ –́ || – –́ ∪ ∪ –́ –)
*Cynthia fing mich Armen als erste mit ihren Äuglein ein,*

contactum nullis ante cupidinibus.
(–́ – –́ – –́ || –́ ∪ ∪ –́ ∪ ∪ ∪́)
*der ich vorher von keiner Liebesleidenschaft berührt war.*

Tum mihi constantis deiecit lumina fastus
(–́ ∪ ∪ –́ – –́ || – –́ – –́ ∪ ∪ –́ –)
*Dann zwang mich Amor, den Blick beständigen Hochmuts zu senken,*

et caput impositis pressit Amor pedibus,
(–́ ∪ ∪ –́ ∪ ∪ –́ || –́ ∪ ∪ –́ ∪ ∪ ∪́)

*setzte mir den Fuß aufs Haupt und drückte es zu Boden,*

donec me docuit castas odisse puellas
(–́ – –́ ∪ ∪ –́ || – –́ – –́ ∪ ∪ –́ –)

*bis er mich gelehrt hatte, anständige Mädchen abzulehnen,*

improbus, et nullo vivere consilio.
(–́ ∪ ∪ –́ – –́ || –́ ∪ ∪ –́ ∪ ∪ –́)

*der Freche, und ohne rechten Plan zu leben.*

(Properz 1,1,1–6)

*Aufgabe:* Skandieren Sie folgende Verse!

Sed prius ancillam captandae nosse puellae
cura sit: accessus molliet illa tuos.
Proxima consiliis dominae sit ut illa, videto,
neve parum tacitis conscia fida iocis.
Hanc tu pollicitis, hanc tu corrumpe rogando:
quod petis, ex facili, si volet illa, feres.
Illa leget tempus (medici quoque tempora servant)
quo facilis dominae mens sit et apta capi;
Mens erit apta capi tum, cum laetissima rerum
ut seges in pingui luxuriabit humo.

## 5.3 Der iambische Trimeter

Da beim Iambus ein Metrum aus zwei Füßen gebildet wird (siehe Kap. 4), besteht der iambische Trimeter mit drei Metra aus sechs Iamben. Das Grundschema sieht also so aus:

| U–́ U–́ U–́ U–́ U–́ U–́ |
|---|

Es gelten folgende Variationsmöglichkeiten in den einzelnen Metra:

- Die zweite, vierte und sechste Senkung wird nie verändert und immer von einer Kürze gebildet.
- Die Kürze in der ersten, dritten und fünften Senkung kann von einer Länge oder (als deren Auflösung) von zwei Kürzen gebildet werden.
- Alle Längen in der Hebung außer der letzten können durch zwei Kürzen ersetzt werden (siehe Kap. 2.2.10).
- An Stelle der letzten Länge im Vers kann eine Kürze stehen.

Es ergeben sich also diese Variationsmöglichkeiten:

| UU | ´ | | ´ | UU | ´ | | ´ | UU | ´ | | Ú |
|---|---|---|---|---|---|---|---|---|---|---|---|
| – | – | U | – | – | – | U | – | – | – | U | – |
| U | UU | | UU | U | UU | | UU | U | UU | | |

Die Zäsur erfolgt meistens nach der dritten Senkung (Penthemimeres), seltener nach der vierten Senkung (Hephthemimeres).

*Beispiel:*

fugit iuventas et verecundus color,
(– –́ ∪ –́ – || –́ ∪ –́ – – –́ ∪ ∪́)
*dahin ist die Jugend und die schamhafte Röte,*

reliquit ossa pelle‿amicta lurida,
(∪ –́ ∪ –́ ∪ || –́ ∪ –́ ∪ –́ ∪ –́)
*es bleiben von gelblicher Haut überzogene Knochen,*

tuis capillus albus est odoribus,
(∪ –́ ∪ –́ ∪ || –́ ∪ –́ ∪ –́ ∪∪́)
*mein Haar ist weiß durch deine Salben,*

null*um*‿a labore me reclinat otium;
(– –́ ∪ –́ ∪ || –́ ∪ –́ ∪ –́ ∪ ∪́)
*keine Ruhe gibt mir Erholung von der Mühe;*

urget diem nox et dies noctem neque‿est
(– –́ ∪ –́ – || –́ ∪ –́ – – –́ ∪ –́)
*den Tag verdrängt die Nacht und der Tag die Nacht*

levare tenta spiritu praecordia.
(∪ –́ ∪ –́ ∪ || –́ ∪ –́ – – –́ ∪ ∪́)
*und die beengte Brust kann nicht freier atmen.*
(Horaz, *Epode* 17,21–26)

*Aufgabe:* Skandieren Sie folgende Verse!

> Ingrata misero vita ducenda est in hoc,
> novis ut usque suppetas laboribus.
> Optat quietem Pelopis infidi pater,
> egens benignae Tantalus semper dapis,
> optat Prometheus obligatus aliti,
> optat supremo conlocare Sisyphus
> in monte saxum; sed vetant leges Iovis.
> Voles modo altis desilire turribus
> modo ense pectus Norico recludere
> frustraque vincla gutturi nectes tuo
> fastidiosa tristis aegrimonia.

## 5.4 Der iambische Senar

Viel häufiger in der lateinischen Dichtung als der iambische Trimeter ist der iambische Senar, bei dem auch die Kürze in der zweiten und vierten Senkung durch eine Länge bzw. Doppelkürze ersetzt werden können. Das Schema sieht also so aus:

$$\frac{\cup\cup}{\cup}\ \frac{\acute{}}{\cup\cup}\quad \frac{\cup\cup}{\cup}\ \frac{\acute{}}{\cup\cup}\quad \frac{\cup\cup}{\cup}\ \frac{\acute{}}{\cup\cup}\quad \frac{\cup\cup}{\cup}\ \frac{\acute{}}{\cup\cup}\quad \frac{\cup\cup}{\cup}\ \frac{\acute{}}{\cup\cup}\quad \cup\ \frac{\acute{}}{\cup}$$

Dass es so viele Auflösungsmöglichkeiten gibt, liegt daran, dass hier nicht mehr das Metrum die Grundlage für die Versmessung ist, sondern der einzelne Versfuß. Deshalb spricht man in diesem Fall auch von einem iambischen Senar (lat. *senarius* ›je sechs‹), d. h. der Vers besteht nach der

Meinung der antiken Gelehrten aus sechs einzelnen Iamben mit ihren Auflösungsmöglichkeiten.

Die Zäsur steht meistens nach der dritten Senkung (Penthemimeres) oder seltener nach der vierten Senkung (Hephthemimeres).

Der iambische Senar findet sich in den Komödien des Plautus und Terenz sowie in den Fabeln des Phaedrus. Er gehört somit zu den am weitesten verbreiteten lateinischen Versmaßen.

*Beispiel:*

Iuventus nomen fecit Peniculo mihi,
(∪ –́ – –́ – –́ – || –́ ∪ ∪ –́ ∪ –́)
*Die Jugend hat mir den Namen Kehrbesen gegeben,*

ideo quia mensam, quando edo, detergeo.
(∪ ∪ –́ ∪ ∪ –́ – || –́ ∪ –́ – –́ ∪ –́)
*weil ich, wenn ich esse, den Tisch leer fege.*

Homines captivos qui catenis vinciunt
(∪ ∪ –́ – –́ – || –́ ∪ –́ – –́ ∪ –́)
*Die Gefangene mit Ketten fesseln*

et qui fugitivis servis indunt compedes,
(– –́ ∪ ∪ –́ – –́ – || –́ – –́ ∪ –́)
*und die entlaufenen Sklaven Fußfesseln anlegen,*

nimi' stulte faciunt mea quidem sententia.
(⏑ ⏑ –́ – ⏑́ ⏑ – || ⏑́ ⏑ ⏑ –́ – –́ ⏑ –́ [Iambenkürzung bei mea])

*handeln allzu töricht meiner Meinung nach.*

(Plautus, *Menaechmi* 77–81)

quia mihi bene est et tibi male es. Dignissimum est.
(⏑ ⏑ ⏑́ ⏑ ⏑ –́ – ⏑́ ⏑ ⏑ –́ – –́ ⏑ –́ [Iambenkürzung bei mihi und tibi, vgl. 2.2.7])

*weil es mir gut geht und dir schlecht. Es ist wohl verdient.*

(Plautus, *Mostellaria* 52)

*Aufgabe:* Skandieren Sie folgende Verse!

Inops, potentem dum vult imitari, perit.
In prato quondam rana conspexit bovem
et tacta invidia tantae magnitudinis
rugosam inflavit pellem: tum natos suos
interrogavit, an bove esset latior.
Illi negarunt. Rursus intendit cutem
maiore nisu et simili quaesivit modo,
quis maior esset. Illi dixerunt bovem.
Novissime indignata dum vult validius
inflare sese, rupto iacuit corpore.

## 5.5 Der Hinkiambus (Choliambus)

Der Hinkiambus oder Choliambus (von griech. *chōlós* ›lahm‹) verdankt seinen Namen seinem etwas schleppend wirkenden Rhythmus. Dieser Eindruck entsteht dadurch, dass der Vers wie ein iambischer Trimeter (siehe Kap. 5.3) gebaut ist, aber die letzte Kürze in der Senkung durch eine Länge ersetzt wird, wodurch der iambische Rhythmus gebrochen wird. Das Schema sieht also so aus:

| ⏑̄–́ ⏑–́ ⏑̄–́ ⏑–́ ⏑–́–́⏑̲ |
|---|

Die Zäsur erfolgt in der Regel nach der dritten Senkung (Penthemimeres), seltener nach der vierten Senkung (Hephthemimeres). Die Verse folgen meist dem Grundschema: Eine Auflösung der Hebung ist selten und Anapäst statt Iambus kommt nur im ersten Fuß vor, allerdings nicht bei Catull.

*Beispiel:*

Miser Catulle, desinas ineptire,
(⏑ –́ ⏑ –́ ⏑ || –́ ⏑ –́ ⏑ –́ –́ ⏑)
*Armer Catull, höre auf dir Schwachheiten einzubilden*

et quod vides perisse perditum ducas.
(– –́ ⏑ –́ ⏑ –́ ⏑ || –́ ⏑ –́ –́ –)
*und halte das, was du verloren siehst, für verloren.*

Fulsere quondam candidi tibi soles,
(– –́ ∪ –́ – || –́ ∪ –́ ∪ –́ –́ –)
*Einst leuchteten dir strahlende Sonnentage,*

cum ventitabas quo puella ducebat,
(– –́ ∪ –́ – || –́ ∪ –́ ∪ –́ –́ ∪)
*als du immer gingst, wohin dich das Mädchen führte,*

amata nobis quant*um* amabitur nulla.
(∪ –́ ∪ –́ – || –́ ∪ –́ ∪ –́ –́ ∪)
*das von mir geliebt wurde, wie keine je geliebt werden wird.*

(Catull 8,1–5)

*Aufgabe:* Skandieren Sie folgende Verse!

> Paene insularum, Sirmio, insularumque
> ocelle, quascumque in liquentibus stagnis
> marique vasto fert uterque Neptunus,
> quam te libenter quamque laetus inviso,
> vix mi ipse credens Thuniam atque Bithunos
> liquisse campos et videre te in tuto!
> O quid solutis est beatius curis,
> cum mens onus reponit ac peregrino
> labore fessi venimus larem ad nostrum
> desideratoque acquiescimus lecto?

## 5.6 Der Hendekasyllabus (Elfsilbler)

Neben den bisher behandelten Versmaßen, bei denen sich ein bestimmtes rhythmisches Muster (Versfuß oder Metrum) mehrfach wiederholt, gibt es im Lateinischen auch eine Gruppe von Versen, die aus verschiedenen rhythmischen Mustern zusammengesetzt sind und immer eine feste Zahl von Silben haben. Sie werden nach den frühgriechischen Dichtern, die sie verwendeten und im äolischen Dialekt schrieben, als »äolische Versmaße« bezeichnet. Ihnen ist bis auf eine Ausnahme (alkäischer Neunsilbler) gemeinsam, dass sie mindestens einen Choriambus (– ∪ ∪ –) enthalten. Häufig gehen diesem zwei Silben voraus, die man als äolische Basis bezeichnet. Sie ist iambisch, trochäisch, am häufigsten aber spondeisch. Zu ihnen gehört auch der Hendekasyllabus oder Elfsilbler (von griech. *héndeka* ›elf‹). Sein Schema sieht folgendermaßen aus:

| ∪̲́ ∪̲ –́ ∪ ∪ –́ ∪ –́ ∪ –́ ∪̲ |
|---|

Der Elfsilbler wird in klassischer Zeit oft von Catull verwendet, der die Zäsur häufig nach der dritten Hebung, seltener nach der Doppelkürze setzt. Nur selten ist die zweite Silbe des Verses kurz.

*Beispiel:*

Lugete, o Veneres Cupidinesque
(–́ – –́ ∪∪ –́ || ∪ –́ ∪ –́ ∪)

*Trauert, ihr Liebesgöttinnen und Liebesgötter*

et quantumst hominum venustiorum!
(–́ – –́ ∪∪ –́ || ∪ –́ ∪ –́ ∪)
*und ihr Menschen, die ihr mitfühlend seid!*

Passer mortuus est meae puellae,
(–́ – –́ ∪∪ –́ || ∪ –́ ∪ –́ –)
*Der Sperling meines Mädchens ist tot,*

passer, deliciae meae puellae,
(–́ – –́ ∪ ∪ –́ || ∪ –́ ∪ –́ –)
*der Sperling, die Wonne meines Mädchens,*

quem plus illa‿oculis suis amabat.
(–́ – –́ ∪ ∪ –́ || ∪ –́ ∪ –́ ∪)
*den jene mehr liebte als ihr Augenlicht.*
(Catull 3,1–5)

*Aufgabe:* Skandieren Sie folgende Verse!

Vivamus, mea Lesbia, atque amemus,
rumoresque senum severiorum
omnes unius aestimemus assis.
Soles occidere et redire possunt:
Nobis, cum semel occidit brevis lux,
nox est perpetua una dormienda.
Da mi basia mille, deinde centum,
dein mille altera, dein secunda centum,
deinde usque altera mille, deinde centum.

# Lösungen zu den Übungsaufgaben

## Zu 1

In der Prosa ist die Wortstellung frei, während sie in der Dichtung durch einen bestimmten Rhythmus gebunden, d. h. festgelegt ist.

## Zu 2.1

Als Hebung bezeichnet man die betonten Stellen im Vers, als Senkung die unbetonten. Beim akzentuierenden Rhythmus hat man eine geregelte Abfolge von durch Akzent betonten und unbetonten Silben, beim quantitierenden Rhythmus eine geregelte Abfolge von langen und kurzen Silben.

| | |
|---|---|
| Wéhe, wénn sie lósgelássen, | (4 Hebungen, 4 Senkungen) |
| Wáchsend óhne Wíderstánd, | (4 Hebungen, 3 Senkungen) |
| Dúrch die vólkbelébten Gássen | (4 Hebungen, 4 Senkungen) |
| Wǟlzt den úngeheúren Bránd. | (4 Hebungen, 3 Senkungen) |

(Friedrich Schiller, *Die Glocke*)

## Zu 2.2.1

di-vi-di-mus, im-pe-ra-to-res, ex-po-ne-re, a-gi-ta-tis, mol-lis, prod-es-se, du-plex (*Muta cum liquida*), u-xor

## Zu 2.2.2

*Naturlänge:* Die Silbe enthält einen langen Vokal oder einen Diphthong.

*Positionslänge:* Die Silbe enthält einen kurzen Vokal, auf den mehr als ein Konsonant folgt. Deshalb gilt sie im Vers als lang.

Ausnahmen gelten bei *Muta cum liquida.*

a|mi|ca (∪ – ∪; NL), bo|nus (∪ ∪), urbs (–; PL), a|moe|nus (∪ – ∪; NL), e|xi|me|re (– ∪ ∪ ∪; PL), a|mi|ca|rum bo|na|rum (∪ – – – ∪ – ∪; NL, NL, PL, NL)

**Zu 2.2.6**

Bei *Muta cum liquida* handelt es sich um eine bestimmte Kombination von Konsonanten, bei der eine sogenannte *Muta* (b, p, d, t, c, g) einer Liquida (r, l) voransteht.

Bei dieser Konstellation kann eine vorausgehende Silbe mit einem kurzen Vokal als positionslang oder kurz gelten, je nachdem, wie es das Versmaß an der Stelle erfordert.

Der Satz heißt übersetzt »Vokal vor Vokal wird gekürzt« und bedeutet, dass eine Silbe, die auf einen langen Vokal endet, gekürzt wird, wenn auf sie im selben Wort unmittelbar ein weiterer Vokal oder ein h vor einem Vokal folgt. Dies gilt meist nicht bei Wörtern griechischen Ursprungs.

Bei den Kombinationen -ns- und -nf-.

in|fe|rus (– ∪ ∪), fle|o (∪ –), con|stans (– –), sa|crum (× ∪), in|fa|mi|a (– – ∪ ∪), au|re|us (– ∪ ∪), mi|grant (× –), in|su|la (– ∪ ∪), ab|rup|tus (– – ∪), Me|ne|la|us (∪ ∪ – ∪)

**Zu 2.2.8**

templă, tē, monē, -quĕ, in Italiā, Italiă (Nom. Sg.), benĕ, victorī, bonō, patrēs, vobīs, fructūs (Pl.), fructŭs (Nom. Sg.), amicōs, custodīs, amicās, praeclarŭs, templŭm, dominīs

**Zu 2.2.11**

Die *Mora* ist die kleinste Zeiteinheit im Vers und bezeichnet die Dauer, die man benötigt, um eine kurze Silbe auszusprechen.

Das *Paenultima*-Gesetz bezeichnet die lateinische Wortbetonungsregel. Bei Wörtern mit mehr als zwei Silben entscheidet die Länge der vorletzten (*paenultima*) Silbe über die Betonung des Wortes.

Das Iambenkürzungsgesetz besagt, dass eine iambische Silbenfolge im Vers gekürzt werden kann, wenn die Betonung auf der Kürze liegt oder die tontragende Silbe unmittelbar folgt; die iambische Silbenfolge muss dabei ganz in der Hebung oder ganz in der Senkung stehen.

**Zu 3.1.1**

mobilitate viget virisque‿adquirit eundo,
*sie ist durch Beweglichkeit stark, gewinnt im Gehen Kräfte,*

parva metu primo, mox sese‿attollit in auras
*zuerst klein aus Furcht, wächst sie bald in die Lüfte,*

ingrediturque solo‿et caput inter nubila condit.
*schreitet am Boden einher und birgt ihr Haupt in den Wolken.* (Vergil, *Aeneis* 4,175–177)

**Zu 3.1.2**

Vix e conspectu Siculae telluris in altum
*Kaum segelten sie froh aus dem Blickfeld Siziliens*

vela dabant laeti‿et spumas salis aere ruebant,
*aufs Meer und wühlten mit dem Schiff die Gischt der Salzflut*

cum Iuno aeternum servans sub pectore vulnus
*auf, als Juno die ewige Wunde am Herzen bewahrend folgendes*

haec secum: »Mene incepto desistere victam
*bei sich überlegte: »Soll ich besiegt von meinem Vorhaben*

nec posse Italia Teucror**um** avertere regem!«
*ablassen und den König der Teukrer nicht von Italien fernhalten können?«* (Vergil, *Aeneis* 1,34–38)

**Zu 4**

no|men (– ∪; Trochäus), ta|cent (∪ –; Iambus), ae|qui|tas (– ∪ –; Kretikus), mu|ris (– –; Spondeus), car|mi|na (– ∪ ∪; Daktylus), do|mi|no (∪ ∪ –; Anapäst), bel|la (– ∪; Trochäus), ur|bi (– –; Spondeus), a|mo (∪ –; Iambus), a|ni|mae (∪ ∪ –; Anapäst), per|fe|ro (– ∪ –; Kretikus), di|ci|tur (– ∪ ∪; Daktylus)

Der daktylische Tetrameter besteht aus vier Daktylen (ein Daktylus bildet *ein* Metrum), der iambische Dimeter aus vier Iamben (zwei Iamben bilden *ein* Metrum).

**Zu 5.1.1**

Haec precor, hanc voc**em** extremam cum sanguine fundo.
(–́ ∪ ∪–́ – –́ – –́ – –́ ∪ ∪ –́ –)

*Darum bitte ich, dieses letzte Wort verströme ich mit meinem Blut.*

Tum vos, o Tyrii, stirp**em** et genus omne futurum
(–́ – –́ ∪ ∪ –́ – –́ ∪ ∪ –́ ∪ ∪ –́ ∪)

*Dann quält, Tyrier, die Brut und das ganze künftige Geschlecht*

exercete‿odiis cinerique‿haec mittite nostro
(–́ – –́ ∪ ∪ –́ ∪ ∪ –́ – –́ ∪ ∪ –́ –)
*mit Hass und schickt meiner Asche dieses*

munera: Nullus amor populis nec foedera sunto!
(–́ ∪ ∪ –́ ∪ ∪ –́ ∪ ∪ –́ – –́ ∪ ∪ –́ –)
*Geschenk: Keine Liebe und keine Bündnisse soll es zwischen den Völkern geben!* (Vergil, *Aeneis* 4,621–624)

**Zu 5.1.2**

Obstipuit primo‿aspectu Sidonia Dido,
(–́ ∪ ∪ –́ || – –́ – –́ || – –́ ∪ ∪ –́ –) [Trith. u. Hephth.]
*Zuerst staunte die sidonische Dido über den Anblick,*

casu deinde viri tanto,‿et sic ore locuta‿est:
(–́ – –́ ∪ ∪ –́ – –́ || – –́ ∪ ∪ –́ –) [Hephth.]
*dann über das so große Schicksal des Mannes und sprach so:*

»Quis te, nate dea, per tanta pericula casus
(–́ – –́ ∪ ∪ –́ || – –́ ∪ ∪ –́ ∪ ∪ –́ ∪) [Penth.]
*»Welches Schicksal treibt dich durch so große Gefahren, Sohn*

insequitur? Quae vis immanibus applicat oris?«
(–́ ∪ ∪ –́ || – –́ || – –́ ∪ ∪ –́ ∪ ∪ –́ –) [Trith. u. Penth.]
*der Göttin? Welche Macht treibt dich an die furchtbaren Gestade?«* (Vergil, *Aeneis* 1,613–616)

Nos patriam fugimus; tu, Tityre, lentus in umbra
(–́ ∪ ∪ –́ ∪ ∪ –́ || – –́ ∪ ∪ || –́ ∪ ∪ –́ –) [Penth. u. buk. Diärese]

*Ich fliehe aus meiner Heimat; du, Tityrus, gelassen im Schatten,*

formosam resonare doces Amaryllida silvas.
(–́ – –́ || ∪ ∪ –́ ∪ ∪ –́ || ∪ ∪ –́ ∪ ∪ –́ –) [Trith. u. Hephth.]

*lehrst die Wälder ›Amaryllis ist schön‹ erklingen zu lassen.*
(Vergil, *Ekloge* 1,4 f.)

**Zu 5.2**

Sed prius ancillam captandae nosse puellae
(–́ ∪ ∪ –́ – –́ || – –́ – –́ ∪ ∪ –́ –)

*Doch sorge vorher dafür, die Dienerin des Mädchens, das du erobern*

cura sit: accessus molliet illa tuos.
(–́ ∪ ∪ –́ – –́ || –́ ∪ ∪ –́ ∪ ∪ –́)

*willst, kennenzulernen: Sie wird dir den Zugang erleichtern.*

Proxima consiliis dominae sit ut illa, videto,
(–́ ∪ ∪ –́ ∪ ∪ –́ ∪ ∪ –́ || ∪ ∪ –́ ∪ ∪ –́ –)

*Sieh zu, dass jene die engste Beraterin der Herrin ist*

neve parum tacitis conscia fida iocis.
(–́ ∪ ∪ –́ ∪ ∪ –́ || –́ ∪ ∪ –́ ∪ ∪ –́)

*und eine sehr zuverlässige Mitwisserin für verschwiegene Scherze.*

Hanc tu pollicitis, hanc tu corrumpe rogando:
(–́ – –́ ∪ ∪ –́ || – –́ – –́ ∪ ∪ –́ –)

*Diese bestich mit Versprechungen, diese mit Bitten:*

quod petis, ex facili, si volet illa, feres.
(–́ ∪ ∪ –́ ∪ ∪ –́ || –́ ∪ ∪ –́ ∪ ∪ –́)

*was du erstrebst, wirst du leicht bekommen, wenn jene will.*

Illa leget tempus (medici quoque tempora servant)
(–́ ∪ ∪ –́ – –́ || ∪ ∪ –́ ∪ ∪ –́ ∪ ∪ –́ –)

*Jene wird den Zeitpunkt auswählen (auch Ärzte achten auf die rechte Zeit),*

quo facilis dominae mens sit et apta capi;
(–́ ∪ ∪ –́ ∪ ∪ –́ || –́ ∪ ∪ –́ ∪ ∪ –́)

*an dem das Herz ihrer Herrin empfänglich sein wird und erobert werden kann.*

Mens erit apta capi tum, cum laetissima rerum
(–́ ∪ ∪ –́ ∪ ∪ –́ || – –́ – –́ ∪ ∪ –́ ∪)
*Ihr Herz wird dann erobert werden können, wenn es sich in sehr*

ut seges in pingui luxuriabit humo.
(–́ ∪ ∪ –́ – –́ || –́ ∪ ∪ –́ ∪ ∪ –́)
*freudiger Stimmung entfaltet wie die Saat im fetten Boden.* (Ovid, *Ars amatoria* 1,351–360)

**Zu 5.3**

Ingrata misero vita ducenda͜ est in hoc,
(– –́ ∪ ∪́ ∪– –́ ∪ || –́ – –́ ∪ –́)
*Das ungeliebte Leben soll sich dir Elendem hinziehen,*

novis ut usque suppetas laboribus.
(∪ –́ ∪ –́ ∪ || –́ ∪ –́ ∪ –́ ∪ ∪́)
*damit du immer wieder neue Mühen erlebst.*

Optat quietem Pelopis infidi pater,
(– –́ ∪ –́ – || ∪́ ∪ ∪ –́ – –́ ∪ ∪́)
*Nach Ruhe sehnt sich des treulosen Pelops Vater,*

egens benignae Tantalus semper dapis,
(∪ –́ ∪ –́ – || –́ ∪ –́ – –́ ∪ ∪́)
*Tantalus, der immer ohne reichlichen Schmaus bleibt,*

optat Prometheus obligatus aliti,
(– –́ ∪ –́ – || –́ ∪ –́ ∪ –́ ∪ –́)
*ersehnt der für den Adler festgeschmiedete Prometheus,*

optat supremo conlocare Sisyphus
(– –́ ∪ –́ – || –́ ∪ –́ ∪ –́ ∪ ∪́)
*Sisyphus sehnt sich, den Felsen auf den Gipfel des*

in monte saxum; sed vetant leges Iovis.
(– –́ ∪ –́ – || –́ ∪ –́ – –́ ∪ ∪́)
*Berges zu walzen; aber die Gesetze Jupiters verbieten es.*

Voles modo‿altis desilire turribus
(∪ –́ ∪ –́ – || –́ ∪ –́ ∪ –́ ∪ ∪́)
*Bald wirst von hohen Türmen du springen wollen,*

modo‿ense pectus Norico recludere
(∪ –́ ∪ –́ – || –́ ∪ –́ – –́ ∪ ∪́)
*bald mit dem norischen Schwert die Brust öffnen*

frustraque vincla gutturi nectes tuo
(– –́ ∪ –́ ∪ || –́ ∪ –́ – –́ ∪ –́)
*und vergeblich einen Strick um den Hals dir binden,*

fastidiosa tristis aegrimonia.
(– ⏑́ ⏑ ⏑́ – || ⏑́ ⏑ ⏑́ ⏑ ⏑́ ⏑ ⏑́)
*des traurigen Kummers überdrüssig.*
(Horaz, *Epode* 17,63–73)

**Zu 5.4**

Inops, potentem dum vult imitari, perit.
(⏑ ⏑́ ⏑ ⏑́ – || ⏑́ – ⏑́ ⏑– ⏑́ ⏑ ⏑́)
*Ein Schwacher geht zugrunde, während er einen Mächtigen nachahmen will.*

In prato quondam rana conspexit bovem
(– ⏑́ – ⏑́ – || ⏑́ ⏑ ⏑́ – ⏑́ ⏑ ⏑́)
*Auf einer Wiese sah einst ein Frosch einen Ochsen,*

et tacta‿invidia tantae magnitudinis
(– ⏑́ – ⏑́ ⏑– || ⏑́ – ⏑́ ⏑⏑́ ⏑ ⏑́)
*und von Neid auf die gewaltige Größe erfasst,*

rugosam‿inflavit pellem: tum natos suos
(– ⏑́ – ⏑́ – ⏑́ – || ⏑́ – ⏑́ ⏑ ⏑́)
*blies er die faltige Haut auf: dann fragte er*

interrogavit, an bove‿esset latior.
(– ⏑́ ⏑ ⏑́ ⏑ || ⏑́ ⏑ ⏑́ – ⏑́ ⏑ ⏑́)
*seine Kinder, ob er größer als der Ochse sei.*

Illi negarunt. Rursus intendit cutem
(– ⏒́ ∪ ⏒́ – || ⏒́ ∪ ⏒́ – – ⏒́ ∪ ∪́)
*Jene verneinten. Wieder dehnte er seine Haut*

maiore nisu‿et simili quaesivit modo,
(– ⏒́ ∪ ⏒́ – || ∪́ ∪– ⏒́ ∪ ⏒́ ∪ ⏒́)
*mit größerer Anstrengung und fragte in gleicher Weise,*

quis maior esset. Illi dixerunt bovem.
(– ⏒́ ∪ ⏒́ ∪ || ⏒́ – – ⏒́ – – ⏒́ ∪ ∪́)
*wer größer sei. Jene sagten, der Ochse.*

Novissime‿indignata dum vult validius
(∪ ⏒́ ∪ ⏒́ – – ⏒́ ∪ || ⏒́ – – ∪́ ∪ ∪ ∪́)
*Als er sich schließlich empört stärker*

inflare sese, rupto iacuit corpore.
(– ⏒́ ∪ ⏒́ – || ⏒́ – ∪́ ∪ – – ⏒́ ∪ ∪́)
*aufblasen wollte, lag er plötzlich mit zerrissenem Körper da.*
(Phaedrus 1,24: *Rana rupta et bos*)

**Zu 5.5**

Paene‿insularum, Sirmio,‿insularumque
(– ⏒́ ∪ ⏒́ – || ⏒́ ∪ ⏒́ ∪ ⏒́ ⏒́ ∪)
*Sirmio, aller Halbinseln und Inseln*

ocelle, quascumque͜ in liquentibus stagnis
(∪ –́ ∪ –́ – –́ ∪ –́ ∪ –́ –́ –)
*Perle, die in klaren Seen und im weiten Meer*

marique vasto fert uterque Neptunus,
(∪ –́ ∪ –́ – || –́ ∪ –́ ∪ –́ –́ ∪)
*Neptun in seinem Doppelreich hat,*

quam te libenter quamque laetus inviso,
(– –́ ∪ –́ – || –́ ∪ –́ ∪ –́ –́ –)
*wie gern und wie froh erblicke ich dich!*

vix mi͜ ipse credens Thuniam͜ atque Bithunos
(– –́ ∪ –́ – || –́ ∪ –́ ∪ –́ –́ –)
*Kaum wage ich es bei mir zu glauben, dass ich Thynien*

liquisse campos et videre te͜ in tuto!
(∪ –́ ∪ –́ – || –́ ∪ –́ ∪ –́ –́ –)
*und die Bithynischen Felder verließ und dich wohlbehalten sehe.*

O quid solutis est beatius curis,
(– –́ ∪ –́ – || –́ ∪ –́ ∪ –́ –́ –)
*O was ist glücklicher als von Sorgen befreit zu sein,*

cum mens onus reponit ac peregrino
(– –́ ∪ –́ ∪ –́ ∪ || –́ ∪ –́ –́ –)
*wenn das Herz sich der Last entledigt und ich von der Mühe*

labore fessi venimus larem ad nostrum
(∪ –́ ∪ –́ – || –́ ∪ –́ ∪ –́ –́ ∪)
*in der Fremde erschöpft zu unserem Haus komme und*

desideratoque acquiescimus lecto?
(– –́ ∪ –́ – –́ ∪ –́ ∪ –́ –́ –)
*auf dem ersehnten Bett ausruhe?*
(Catull 31,1–10)

**Zu 5.6**

Vivamus, mea Lesbia, atque amemus,
(–́ – –́ ∪ ∪ –́ ∪ –́ ∪ –́ ∪)
*Lass uns leben, meine Lesbia, und lass uns lieben,*

rumoresque senum severiorum
(–́ – –́ ∪ ∪ –́ || ∪ –́ ∪ –́ ∪)
*lass uns auf das ganze Gerede der zu strengen*

omnes unius aestimemus assis.
(–́ – –́ ∪ ∪ || –́ ∪ –́ ∪ –́ ∪)
*Greise nichts geben.*

Soles occidere‿et redire possunt:
(–́ – –́ ∪ ∪ –́ || ∪ –́ ∪ –́ –)
*Sonnen können untergehen und wiederkehren:*

Nobis, cum semel occidit brevis lux,
(–́ – –́ ∪ ∪ || –́ ∪ –́ ∪ –́ –)
*wir müssen, wenn uns einmal das kurze Lebenslicht ausgegangen ist,*

nox est perpetua‿una dormienda.
(–́ – –́ ∪ ∪ –́ ∪ –́ ∪ –́ ∪)
*eine einzige ewige Nacht durchschlafen.*

Da mi basia mille, deinde centum,
(–́ – –́ ∪ ∪ || –́ ∪ –́ ∪ –́ ∪)
*Gib mir tausend Küsse, dann hundert,*

dein mille‿altera, dein secunda centum,
(–́ – –́ ∪ ∪ || –́ ∪ –́ ∪ –́ ∪)
*dann tausend weitere, dann wieder hundert,*

deinde‿usque‿altera mille, deinde centum.
(–́ – –́ ∪ ∪ || –́ ∪ –́ ∪ –́ ∪)
*dann in einem fort weitere tausend, dann hundert.*
(Catull 5,1–9)

# Literaturhinweise

Boldrini, Sandro: Prosodie und Metrik der Römer. Stuttgart/Leipzig 1999.

Crusius, Friedrich: Römische Metrik. Hildesheim 1997. (Nachdruck der 8. Aufl. München 1967.)

Drexler, Hans: Einführung in die römische Metrik. Darmstadt $^{5}$1993.

Glücklich, Hans-Joachim: Compendium zur lateinischen Metrik. Wie lateinische Verse klingen und gelesen werden. Göttingen 2007.

Halporn, James W. / Ostwald, Martin: Lateinische Metrik. Göttingen $^{4}$1994.

Stroh, Wilfried: Arsis und Thesis oder: Wie hat man lateinische Verse gesprochen? In: W. S.: Apokrypha. Entlegene Schriften. Hrsg. von Jürgen Leonhardt und Georg Ott. Stuttgart 2000. S. 193–216.

Zgoll, Christian: Römische Prosodie und Metrik. Ein Studienbuch mit Audiodateien. Darmstadt 2012.

# Stellenregister

Die Zahlenangaben beziehen sich auf die Kapitel. Ein A hinter der Stellenangabe verweist auf den Aufgabenteil.

# Sachregister

Die Zahlenangaben beziehen sich auf die Kapitel.